AF177743

DON
BOSCO

Rosemarie Portmann

Die 50 besten Spiele
zur Frustrations-
toleranz

MiniSpielothek

Gerne nehmen wir Ihre Anregungen,
Wünsche, Kritik oder Fragen entgegen:
Don Bosco Medien GmbH, Sieboldstraße 11, D-81669 München
anregungen@donbosco-medien.de
Servicetelefon: +49(0)89 4 80 08-3 41

Bibliografische Information der Deutschen Nationalbibliothek

Die Deutsche Nationalbibliothek verzeichnet diese Publikation in
der Deutschen Nationalbibliografie; detaillierte bibliografische
Daten sind im Internet über http://dnb.d-nb.de abrufbar.

6. Auflage 2022 ISBN 978-3-7698-2077-5
© 2014 Don Bosco Medien GmbH, München
www.donbosco-medien.de
Umschlag und -illustration: Manfred Lehner, Blue Cat Design
Layout: Alexandra Paulus
Produktion: Don Bosco Druck & Design, Ursensollen

Gedruckt auf umweltfreundlichem Papier

Inhalt

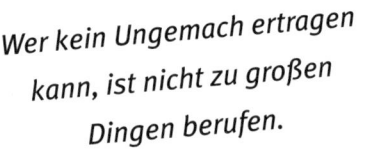

Wer kein Ungemach ertragen kann, ist nicht zu großen Dingen berufen.

(aus dem Chinesischen)

Spiele zum Nach-
denken über Frust

Die Eine und der Andere

Die Kinder bilden Paare und entscheiden jeweils, wer die oder der „Eine" und die oder der „Andere" ist. Die Kinder bewegen sich dann zur Musik durch den Raum. Dabei bleiben die Paare immer beieinander. Wenn die Musik stoppt, gibt die Spielleitung jeweils eine neue Anweisung:

- Der Eine will rempeln – der Andere auch.
- Der Eine ist freundlich – der Andere auch.
- Der Eine will rempeln – der Andere weicht aus.
- Der Eine weicht aus – der Andere will rempeln.

Die Anweisungen können in anderer Reihenfolge mehrmals wiederholt werden.

Wie fühlen sich die Kinder, wenn ...

- beide freundlich miteinander umgehen?
- beide rempeln?
- der eine rempelt, der andere ausweicht?

Kennen die Kinder solche Situationen aus ihrem Alltag? Wie gehen sie da damit um?

Material

Musik und Abspielgerät

Was ist Frustration?

Die Kinder sitzen im Kreis. Die Spielleitung nennt nacheinander kurze Situationen. Halten die Kinder das für eine Frust-Situation, heben sie die Hand.

Beispiele

- Ein Kind möchte ein Buch lesen. Ein anderes macht daneben Lärm und stört.
- Die Eltern sagen einem Kind, dass es den Fernsehkrimi nicht sehen darf.
- Ein Kind muss zu Hause sein, wenn es dunkel wird.
- Beim Einkaufen drängelt sich ein Erwachsener vor.
- Ein Kind muss Hausaufgaben machen.

Die Spielleitung oder ein Kind notieren jeweils das Ergebnis. Nach mehreren Äußerungen werden Fragen besprochen wie:
Warum haben die Kinder so entschieden? Welche Situationen führen zu Frust? Waren alle einig? Haben sie selbst schon solche Situationen erlebt?

Platzwechsel

Die Kinder sitzen im Kreis. Die Spielleitung beginnt mit einer Aufforderung, die ein frustrierendes Ereignis beschreibt.

Beispiele

Alle wechseln den Platz, die ...
- schon mal bei einem Spiel verloren haben.
- schnell wütend werden, wenn sie verlieren.
- aus Spaß auch gerne mal andere ärgern.
- schon mal zu Unrecht kritisiert worden sind.
- glauben, dass nur die Schwachen gehänselt werden.

Alle, die sich angesprochen fühlen, müssen schnell ihren Platz verlassen und einen neuen suchen. Dann beginnt eine neue Runde mit einer neuen Ansage der Spielleitung. Bei einer der nächsten Runden wird ein Stuhl entfernt. Das Kind, das keinen Stuhl abbekommt, macht dann die nächste Ansage und versucht wieder einen Sitzplatz zu ergattern.
Spielleitung und Kinder können hier Antworten auf Fragen bekommen, die sie nie gestellt hätten und Kin-

der können sich trauen, etwas preiszugeben, was sie sonst nie getan hätten. Bei den Aussagen sind der Fantasie keine Grenzen gesetzt, es darf dadurch aber kein Kind diskriminiert oder anschließend verspottet werden.

 # Frust-Worte

Die Spielleitung gibt die Anweisung: „Schreibt alleine für euch fünf Worte auf, die euch einfallen, wenn ihr daran denkt, wie das ist, wenn ihr Frust schiebt." Die beschrifteten Zettel werden – ohne die Namen der Kinder - an eine Wandzeitung geheftet und anschließend diskutiert.

Beispiele

Wut - Hilflosigkeit - Ungerechtigkeit - Schule - Alltag - ungerecht - allein - Wut - Ohnmacht - Rache

Aus den Worten der Einzelnen kann eine gemeinsame Liste gemacht werden. Gibt es Worte, die von mehreren Kindern genannt werden? Welche? Was sagen sie uns?

Material

Papier und Stift

 # Frust-Elfchen

Die Kinder reflektieren ihre Gedanken und Gefühle zum Thema „Frust" in Gedichtform. Gut geeignet sind dazu „Elfchen": Gedichte aus 11 Wörtern in 5 Zeilen ohne Reim und mit folgender Struktur:

1. Zeile: 1 Wort
2. Zeile: 2 Wörter
3. Zeile: 3 Wörter
4. Zeile: 4 Wörter
5. Zeile: 1 Wort

Beispiele

Immer
soll ich
es gewesen sein.
Das macht mich ganz
sauer.

Gewinnen
ist toll.
Verlieren ist doof.
Wer ist schon gerne
doof?

Die Gedichte werden gemeinsam gelesen. Sie können Anlass sein, auch die realen eigenen Erfahrungen mit dem Frustriertsein zu thematisieren. Allerdings darf kein Kind dazu gezwungen werden – das würde nur erneut frustrieren.

Ein Kind ist immer besser

Die Kinder sollen erfahren, dass niemand immer nur gewinnt oder immer nur verliert.
Die Kinder sitzen im Kreis. Ein Kind geht in die Mitte. Die Spielleitung nennt ein Merkmal des Kindes, z. B. „X hat blonde Haare". Dann fragt sie in die Runde: „Gibt es ein Kind, dessen Haare noch blonder sind?" Natürlich muss die Spielleitung sich vorher vergewissert haben, dass ein Kind tatsächlich noch blonder ist. Dieses Kind steht zum Vergleich auf. Das erste Kind setzt sich wieder. Nun nennt die Spielleitung für das „blondere" Kind ein besonderes Merkmal, z. B. „Y ist groß". „Gibt es ein Kind, dass noch größer ist?" usw. usw.

Genannt werden können
- körperliche Merkmale (größer, dicker, längere Haare etc.)
- andere Merkmale (schneller laufen, lauter schreien etc.)

Die Spielleitung muss die Merkmale so auswählen, dass jedes Kind einmal in der schlechteren und einmal in der günstigeren Position ist.

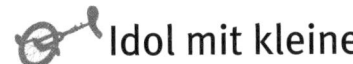Idol mit kleinen Fehlern

Die Spielleitung beschreibt ein bei den meisten Kindern bekanntes aktuelles Idol, ohne dessen Namen zu nennen. Sie beschreibt die herausragenden Leistungen oder Merkmale, aber mindestens auch einen Fehler, ein Missgeschick, einen Misserfolg o. Ä.

Die Kinder sollen raten, um wen es sich handelt. Haben sie den Fehler oder den Misserfolg überhaupt wahrgenommen? Beeinflusst das ihre Bewunderung? Was können sie daraus für ihren eigenen Umgang mit Misserfolgen lernen?

Beispiele

- Ich denke an einen Sportler, er ist ein Fußballer und spielt in der Nationalmannschaft ... Aber einmal hat er ein Eigentor geschossen und damit den Sieg vergeigt. Wer ist es?
- Ich denke an ... Sie/er ist in der Schule sitzengeblieben. Heute ist sie/er ...
- Ich denke an ... Er/sie ist Schauspieler/-in und spielt die Hauptrolle in ... Die Aufnahmeprüfung bei der Schauspielschule hat sie aber nicht bestanden ...

# Fanmeile

Die Kinder erzählen, wessen Fan sie sind, malen ein Bild ihres Idols oder bringen ein Foto mit und kleben es auf einen größeren Bogen Papier. Die fertigen Bilder werden nebeneinander als „Fan-Meile" an einer Schnur quer durch den Raum aufgehängt.

Dann wird der Werdegang der Idole erforscht. Hatten alle immer nur Erfolg? Waren alle immer Sieger? Mit welchen schwierigen Erlebnissen mussten sie fertig werden und wie haben sie das geschafft?

Manchmal lässt sich ein Besuch eines „Promis" arrangieren. Persönliches Kennenlernen kann besonders gut dazu beitragen, eigenes Verhalten zu überdenken und sich neue Ziele zu setzen.

Material

Papier und Stifte, Klebstoff

Ich will gewinnen, weil ...

Die Kinder sitzen im Kreis. Ein Kind beginnt: „Ich will gewinnen, weil ...“
Reihum ergänzt jedes Kind diesen Satzanfang, nach Möglichkeit mit einer noch nicht genannten Aussage. Kinder, denen nichts Neues einfällt, wiederholen die Aussage, die ihren eigenen Gefühlen am besten entspricht.

Beispiele

Ich will gewinnen, weil ...
- ich mich dann toll fühle.
- die anderen mich bewundern.
- ich besser bin als andere.
- weil ich dafür gelobt werde.

Nach der Runde werden die verschiedenen Argumente noch mal im Gespräch vertieft. Welche Vorstellungen, Wünsche, Gefühle verbinden die Kinder mit dem Bedürfnis zu gewinnen?
Und was löst umgekehrt die Vorstellung vom Verlieren aus? Auch das Gespräch darüber kann zunächst mit

einer Runde zu dem Satzanfang „Wenn ich verliere, dann ...“ angeleitet werden.

Wenn ich verliere, dann ...
- geht's mir schlecht.
- möchte ich mich am liebsten verstecken.
- werde ich sauer.
- mögen mich die andern nicht.

Perspektivwechsel

Die Spielleitung erzählt die Geschichte eines Sieges – aus der Sicht des Siegers.

„Mia und Max sind dicke Freunde. Alles machen sie zusammen. Beide fahren gerne Rad und jetzt haben sie sich zu einem Radrennen angemeldet. Beide haben fleißig trainiert, Max sogar noch mehr als Mia. Dafür hat er sogar sein Fußballteam vernachlässigt. Beim nächsten Spiel darf er nur zugucken. Und dann kommt das Rennen. Mia gewinnt. Sie bekommt einen Pokal, alle gratulieren ihr, sogar die Zeitung bringt einen Bericht. Max wird nur Zwölfter. Beim Veranstalter kann er sich eine kleine Urkunde abholen. Usw."

Die Kinder sollen die Geschichte nun aus der Sicht des Verlierers erzählen oder spielen. Die beiden Versionen werden miteinander verglichen und diskutiert.
Die Geschichten können je nach Alter der Kinder mehr oder weniger komplex sein und sollten im Alltag der Kinder so oder ähnlich vorkommen.

Spiele zum Verlierenlernen

Der faule Apfel

Die Kinder sitzen oder stehen im Kreis. In der Kreismitte steht ein Kind mit geschlossenen Augen. Die Kinder im Kreis geben (nicht werfen) einen „faulen Apfel", den Softball, schnell von Hand zu Hand weiter. Das Kind in der Mitte sagt irgendwann: „Stopp!"
Wer dann den „faulen Apfel" in der Hand hat, muss sich umdrehen und scheidet aus. Dann beginnt die nächste Runde. Das Kind, das als Letztes übrig bleibt, kann alle anderen erlösen und das Spiel beginnt von Neuem.
Wie fühlen und verhalten sich die Kinder, die schnell ausscheiden?

Material

ein Softball

Farbe bekennen

Die Kinder sitzen im Kreis. Ein Kind denkt sich eine Farbe aus, z. B. lila, und geht in die Mitte (Am besten die Farbe aufschreiben, damit nicht gemogelt werden kann). Reihum stellt sich das Kind in der Mitte vor jedes Kind, das nun eine Farbe nennen soll. Nennt es die Farbe lila, scheidet es aus. Dasselbe passiert, wenn es eine Farbe noch einmal nennt, die schon gesagt worden ist.

Das Spiel kann aber auch so gespielt werden, dass das Kind, das die richtige Farbe nennt, belobigt und beklatscht wird und das neue Kind in der Mitte sein darf. Wie groß ist das Frustempfinden bei jeder der beiden Varianten? Gibt es Unterschiede?

Mensch ärger dich nicht

Die Kinder stehen im Kreis. Jedem wird per Zufall eine „Farbe" des Kartenspiels zugeordnet, d. h. Kreuz, Pik, Herz oder Karo. Dadurch bekommen mehrere Kinder dieselbe Farbe.

Die Spielleitung nimmt das Kartenspiel, zieht nacheinander eine Karte und hält sie hoch. Kinder mit dieser Farbe dürfen einen Platz nach links rücken, d. h. sie stellen sich vor das Kind, das dort schon steht. Weitergehen dürfen immer nur die Kinder, die niemanden vor sich stehen haben, die „blockierten" Kinder dürfen nicht weiterrücken, auch wenn ihre Farbe gezogen wird.

Gewonnen hat das Kind, das als Erstes eine ganze Runde bis zu seinem ursprünglichen Platz weitergerückt ist. Über Sieg und Niederlage entscheidet also nur der Zufall.

Anschließend wird darüber gesprochen, ob und wie frustrierend die Kinder das Spiel erlebt haben.

Material

ein Kartenspiel

 # Der Preis ist Glückssache

Es wird ein beliebiges Spiel gespielt, bei dem es Sieger und Verlierer gibt, z. B. um die Wette kopfrechnen, einen Wettlauf machen, Reise nach Jerusalem.
Als Preis wird etwas ausgelobt, das alle gerne haben möchten, etwas Materielles wie eine Tüte Gummibärchen, oder etwas Nicht-Materielles, z. B. das nächste Spiel für die Gruppe aussuchen. Welche Preise den Kindern Spaß machen und sie zum Spielen motivieren, sollte vorher in der Gruppe besprochen werden.
Allerdings wird erst nach dem Spiel ausgewürfelt, wer den Preis bekommt. Sieger und Verlierer würfeln gegeneinander, wer die höchste Zahl würfelt, bekommt den Preis.

Was bedeutet das für das Spielverhalten der Kinder?
Wie sehr strengen sie sich an?
Wie fühlen sie sich, wenn sie das Spiel gewonnen haben, aber dennoch den Preis nicht bekommen?

Material

Würfel

 # Bildstörung

Die Kinder bilden Paare und legen fest, wer „A" und wer „B" ist. Kind A und Kind B dürfen von nun an bis das Spiel zu Ende ist nicht mehr miteinander sprechen.

Die Spielleitung ruft zunächst alle A-Kinder zusammen und zeigt ihnen das eine Bild. Dann ruft sie alle B-Kinder zusammen und zeigt ihnen das zweite Bild. Allerdings sind die beiden Bilder zwar sehr ähnlich, aber unterschiedlich, z. B. für alle ein Haus, aber für die Kinder A ist es größer, hat mehr Fenster, mehr Schornsteine o. Ä. Für die Kinder B hat es mehr Türen, mehr Fensterläden o. Ä. Aufgabe der Kinder ist es nun, wortlos gemeinsam ein Bild des Gegenstands, der ihnen gezeigt wurde, aus dem Gedächtnis möglichst detailgenau nachzuzeichnen. Da die Partner A und B nicht miteinander sprechen dürfen, kann die Lösung eigentlich nicht gelingen.

Welche Schwierigkeiten gibt es bei der Lösung der Aufgabe? Wie gehen die Kinder damit um? Wer setzt sich durch? Wer fängt zuerst an zu sprechen?

Material

ein Bild in zwei ähnlichen Versionen, Papier und Stifte

Ein geheimnisvolles Tier

Einige Kinder verlassen den Raum. Vor der Tür nennt die Spielleitung ihnen ein Tier. Sobald sie wieder hereingeholt werden, sollen sie dieses Tier nachstellen, durch Bewegungen und entsprechende Tierlaute. Die Kinder im Raum sollen dann raten, welches Tier sie darstellen.

Während sie vor der Tür sind, verrät die Spielleitung allerdings auch den restlichen Kindern im Raum, um welches Tier es sich handelt. Die Kinder dürfen dann jedes Tier raten, nur nicht das tatsächlich gemeinte.

Nach einiger Zeit sollte das Spiel abgebrochen und erklärt werden.

Wie haben die Kinder sich gefühlt, wenn sie trotz aller Bemühungen die anderen nicht dazu bringen konnten, das Tier zu erraten? Kennen sie ähnliche Situationen auch aus ihrem Alltag?

 Irrgarten

Dieses Spiel wird am besten draußen gespielt. Es braucht Platz, ist bewegungsintensiv und es wird dabei nicht ganz lautlos zugehen. Je drei bis fünf Kinder bilden durch Handfassung eine Reihe. Die Reihen stellen sich in einem Abstand von etwa zwei Armlängen hintereinander auf. Zwei Kinder bleiben übrig, das eine wird zur Katze, das andere zur Maus. Die Katze versucht nun die Maus zu fangen. Beide dürfen nur zwischen den Reihen laufen, nicht durch sie hindurch kriechen oder darüber greifen.

Ist die Maus in Gefahr, pfeift sie oder ruft „Hilfe". Sofort machen alle Kinder eine Vierteldrehung, so dass die Gassen nun senkrecht zur vorherigen Richtung laufen. Dazu lösen die Reihen ihre Handfassung, führen eine Vierteldrehung aus und fassen ihre neuen Nachbarn an. Damit das Spiel funktioniert, sollte das Drehen vorher geübt werden.

Wie fühlt die Katze sich bei vielen Fehlversuchen? Schafft sie es schließlich tatsächlich, die Maus zu fangen? Wenn nicht, sollte das Spiel nach einer bestimmten Zeit beendet werden und ein neues Katze-Maus-Paar ihr Glück versuchen.

 # Alles besetzt

Mit zwölf Stühlen werden zwei Zugabteile nachge-
stellt. Zehn Kinder setzen sich in die Zugabteile. Ein
elftes Kind wurde zuvor aus dem Raum geschickt.

Die zehn Kinder belegen alle zwölf Plätze in irgendeiner Form: Füße hochlegen, eine Tasche draufstellen,
eine Zeitung ausbreiten, einen Platz reservieren für
jemand, der angeblich noch kommt u. Ä.

Das elfte Kind wird nun von draußen hereingerufen und
soll versuchen, einen Platz zu finden. Die zehn Sitzenden
versuchen das mit allen Mitteln zu verhindern. Dabei darf
gesprochen werden, Körperkontakt ist aber nicht erlaubt.
Nach einigen Minuten wird das Spiel beendet.

Hat das Kind einen Platz gefunden? Zuerst dürfen die
elf spielenden Kindern berichten, wie es ihnen ergangen ist. Abschließend wird in der Gruppe diskutiert:
Kennen die Kinder ähnliche Situationen aus ihrem Leben? Wie frustrierend ist das für denjenigen, der einen
Platz sucht? Wie würden die Kinder sich in Wirklichkeit
verhalten?

Material

12 Stühle

Verletzte Gefühle

Die Kinder sitzen im Kreis. Die Spielleitung erzählt eine kurze Szene von Sieg und Niederlage, z. B.:
„Paul und Ali haben in der Pause Fußball gespielt. Paul hat mehr Tore geschossen und brüstet sich lautstark damit: Alle bewundern ihn. Ali steht daneben."

Die Kinder sollen reihum einen Verhaltensvorschlag für Ali machen: Was kann Ali jetzt sagen oder tun?

Beispiele

- So tun, als würde ihn das nicht stören.
- Einfach weggehen.
- Ein Revanche-Spiel fordern.
- Sich mitfreuen.

Haben die Kinder selbst schon ähnliche Situationen erlebt? Wie haben sie sich da verhalten?
Machen die Kinder nur Lösungsvorschläge, die durch Vermeiden gekennzeichnet sind, sollte die Spielleitung selbst weitere Möglichkeiten nennen, die neue konstruktive Verhaltensweisen darstellen.

☞ Dabei sein ist alles?

Die Gruppe stellt ein Standbild. Die Spielleitung gibt das Thema vor. Jedes Kind ordnet sich nacheinander mit dem Satz „Ich bin ein ..." und der entsprechenden Körperhaltung dem Standbild zu.

Olympische Spiele
1. Kind: Ich bin der Olympiasieger im Weitsprung.
2. Kind: Ich bin der zweite Sieger.
3. Kind: Ich bin der Mann, der die Grube immer wieder glatt harkt.
4. Kind: Ich bin der Reporter, der den Siegersprung fotografiert hat.
5. Kind: Ich bin nicht einmal ins Finale gekommen.

Das Thema sollte so gewählt werden, dass sich möglichst alle Kinder einordnen können. Wem keine besondere Position mehr einfällt, der kann z. B. Zuschauer sein.
Wer wählt welche Rolle? Sind alle mit ihrer Rolle zufrieden? Wie geht es einem Kind, wenn die Rolle, die es für sich ausgedacht hat, schon besetzt ist?

Spiele für mehr Geduld

Zeitlupenkampf

Zwei Kinder ringen miteinander in Zeitlupe. Einige Kinder werden Ringrichter. Sie läuten die Runde ein, z. B. mit einem Gong oder einer Klingel, und erklären nach einer zuvor festgelegten Zeit zum Sieger, wer sich am deutlichsten in Zeitlupe bewegen konnte. Dann beginnt die nächste Runde mit neuen Kindern. Es können auch immer die Sieger einer Runde mit einem neuen Partner ringen.

Variation

Zwei Gruppen bewegen sich in Zeitlupe aufeinander zu. Beim Aufeinandertreffen beginnt ein Zeitlupenkampf. Von der Spielleitung wurde vor Spielbeginn festgelegt, welche Gruppe die Verlierergruppe zu spielen hat.
Beim zweiten Durchgang spielt die andere Gruppe den Verlierer.
War es schwierig, Verlierer zu spielen? Oder kann das auch Spaß machen? Wie würden die Kinder sich „normalerweise" verhalten?

Auch andere bewegungsintensive Szenen können im Zeitlupentempo gespielt werden, z. B. ein Hand- oder Fußballspiel.

Halt!

Zwei Gruppen laufen aufeinander zu, bleiben auf ein Kommando „Halt" (oder einen Pfiff) kurz vor dem Zusammenprall stehen, schreien auf und laufen wieder zum Ausgangspunkt zurück.

Das Ganze passiert mehrmals nacheinander. Irgendwann ertönt kein „Halt" mehr. Die Kinder dürfen weiterlaufen – selbstverständlich ohne sich gegenseitig zu verletzen.

Countdown

Auch kleine Kinder wissen sicher schon, was ein Countdown ist. Bei einem Raketenstart wird heruntergezählt, die Rakete fliegt erst bei der letzten Zahl los. Die Kinder können zunächst „Raketenstart" spielen.

Ein Countdown kann den Kindern aber auch helfen, nicht sofort loszustürmen oder loszupoltern. Den Kindern wird eine Frage gestellt oder sie werden gebeten eine Aufgabe zu erfüllen, die sie annehmen oder ablehnen können. Aber bevor sie antworten, müssen sie zunächst ruhig abwarten bis die Spielleitung von 30 (bei sehr ungeduldigen und/oder jüngeren Kindern zunächst auch weniger) im Sekundentakt rückwärts heruntergezählt hat. Wer es schafft abzuwarten, kann belohnt werden, z. B. mit Gut-Punkten, die bei einer bestimmten Menge gegen einen „Preis" eingelöst werden.

Im Laufe der Zeit sollen die Kinder lernen, die „Countdown-Methode" auch selbstständig anzuwenden, indem sie wortlos „innerlich" zählen – und dann erst reagieren.

Schweigeminute

Ruhig zu bleiben und erstmal nichts zu sagen oder zu tun, ist schwierig. Die Kinder üben, eine Minute zu schweigen. Ein Kind nimmt die Zeit und teilt wortlos durch ein Handzeichen mit, wenn die Minute um ist. Damit die Übung gelingt, kann zunächst ein Kind als Zeitnehmer eingesetzt werden, dem es besonders schwer fällt, ruhig zu bleiben.

Variation

Aus der Übung wird ein Wettkampf. Die Gruppe wird in Kleingruppen geteilt, die nacheinander versuchen, eine Minute lang still zu bleiben. Die Dauer der Minute müssen die Kinder diesmal selbst einschätzen. Welche Gruppe schafft das?
Die Übung kann von Zeit zu Zeit wiederholt werden. Mit zunehmender Übung kann die geforderte „Schweigezeit" auf zwei oder drei Minuten verlängert werden.

Material

Stoppuhr

Coole Statue

Jemandem einfach keine Antwort zu geben, ist normalerweise unhöflich, aber um Frust abzuwehren und sich nicht zu unüberlegten Reaktionen hinreißen zu lassen, kann es eine gute Möglichkeit sein.

Cool zu bleiben ist nicht einfach, aber es kann geübt werden: Ein Kind wird zur „coolen" Statue und lässt die von allen anderen gleichzeitig einprasselnden Beleidigungen und Schimpfwörter an sich abprallen, ohne mit der Wimper zu zucken. Für das Spiel wird eine bestimmte Zeit vorgegeben. Hält die „coole" Statue so lange durch? Kinder, die zunächst nur sehr kurz cool bleiben können, können es immer aufs Neue versuchen und die Zeit von Mal zu Mal steigern.

Wut ankündigen

Wenn Kinder spüren, wie bei einem frustrierenden Er-
lebnis die Wut in ihnen hochsteigt, können sie lernen
zwischen Wut und Reaktion einen Zwischenschritt ein-
zulegen. Sie teilen ihre aufsteigende Wut mit. Das können sie mit Worten tun, z. B.: „Gleich werde ich wütend." Sie können auch eine symbolische Handlung
ausführen, z. B.:

- „Mir reißt gleich der Geduldsfaden": Im Raum
  hängt ein langer Faden, den die Kinder bei Bedarf
  abreißen können.
- „Gleich werde ich laut": Die Kinder können fest auf
  eine Hupe drücken.

Das aufsteigende Frust-Gefühl wird von allen Kindern
bewusst wahrgenommen. Für das wütend werdende
Kind ist das Aussprechen der erste Schritt zum Abbau
der Wut bzw. die zwischengelegte Handlung hilft, die
Wut abzubauen. Die Kinder, die die Wut ausgelöst haben, können die Zeit nutzen um wahrzunehmen, was
sie ausgelöst haben und können einlenken.

🗝 Entspann dich

Die Kinder lernen einfache Entspannungsübungen. Die Spielleitung gibt folgende Anweisung:
„Bevor ihr lospoltert – entspannt euch. Wie das geht, werden wir jetzt mal einüben: Ballt eure rechte Hand zur Faust. Spürt ihr die Spannung in eurer Hand und im Unterarm und Oberarm? Verstärkt jetzt die Anspannung, mehr und mehr, so fest es geht und haltet sie eine Weile fest ... Jetzt hebt die Spannung nach und nach wieder auf, spannt noch einmal an und nun lasst wieder ganz locker, öffnet die Faust. Spürt wie die Spannung nachlässt, aus dem Arm, aus der Hand, aus den Fingern hinausfließt und ihr ruhig werdet. Atmet gleichmäßig aus und ein - aus und ein."
Anschließend probieren das alle noch mal mit der linken Hand.

Variation

Die Kinder setzen sich bequem hin. Sie ballen die Fäuste, spannen alle Muskeln ganz fest an, auch im Gesicht, gegebenenfalls machen sie eine Grimasse, nur wenige Sekunden lang. Dann lassen sie die Spannung wieder los. Das können sie in jeder frustrierenden Situation vor der Reaktion weitgehend unbemerkt machen. Die Wirkung kann verstärkt werden, wenn die Kinder sich dabei innerlich mit einem „Entspannungswort" gut zureden, z. B. „Ganz ruhig" oder „Bleib locker".

Der Trick mit dem Entspannungwort wird zunächst in der Gruppe besprochen und hilfreiche Entspannungswörter werden gemeinsam gesucht. Welches Wort die Kinder dann für sich aussuchen, soll das persönliche Geheimnis bleiben.

 Erstmal die Luft rauslassen

Die Kinder bilden Kleingruppen. Einige Kinder werden zu Luftballons, ein Kind bleibt übrig. Mit einem rhythmischen „ff-ff-ff-ff" pustet es die „Luftballons" auf, bis diese aufrecht, mit gegrätschten Beinen und mit V-förmig über den Kopf ausgestreckten Armen vor ihm stehen.

Anschließend lässt das pustende Kind mit einem sanften „sch..." die Luft wieder aus den Luftballons heraus. Die Kinder sinken langsam in sich zusammen, ebenfalls mit einem leisen „sch..."

Variation

Die Kinder stehen im Kreis. Die Luftballons werden von einem Kind in der Kreismitte aufgepustet, indem sich die Kinder im Kreis langsam aufrichten, größer und größer werden. Gleichzeitig vergrößern sie auch den Kreis, indem sie sich langsam nach hinten und außen bewegen. Wenn alle Luftballons aufgeblasen sind, lassen sie sich mit einem lauten „Peng" einfach platzen.

Bei Stress können sich die Kinder an das Spiel erinnern. Sie werden dann nur gedanklich zum Luftballon, der sich zuerst aufbläst, dann platzt und damit die Luft rauslässt. Dann erst reagiert das Kind auf die frustrierende Situation.

🔑 Mit ruhiger Hand

Warten bis sie dran sind, ist für viele Kinder schwer auszuhalten. Aber Geduld lässt sich lernen: Die Kinder stehen in einer Reihe, sie sollen nacheinander einmal in die Hände klatschen. Es beginnt die Spielleitung, dann klatscht Kind A, dann Kind B usw. Für kleinere und besonders ungeduldige Kinder sollte die Reihe nicht zu lang sein und sie sollten nicht beim ersten Durchgang an letzter Stelle stehen. Für ältere Kinder und eine größere Gruppe kann das Spiel erweitert und erschwert werden:

Beispiele

- Die Kinder stehen im Kreis und klatschen reihum nacheinander.
- Nur jedes zweite Kind klatscht.
- Klatscht ein Kind zweimal, wird die Klatschrichtung im Kreis geändert.
- Es können unterschiedliche Rhytmen geklatscht werden.

Bei einiger Übung können ganze „Musikstücke" geklatscht werden – und Spaß macht das außerdem.

Wer wagt, kann gewinnen

An der Wand werden zwei oder mehr Zeichen in verschiedenen Höhen angebracht. Je zwei Kinder bauen aus dem Material einen Turm. Erreicht ihr Turm die erste Höhenmarke, können sie zur Belohnung einen Punkt erhalten. Verzichten sie auf die Belohnung und bauen bis zur nächsten Höhenmarke weiter, können sie dadurch zwei Punkte erhalten usw. Für das Erreichen jeder weiteren Höhe gibt es einen weiteren Punkt. Die Punkte werden nach Beendigung des Spiels in vor dem Spiel festgelegte und bekannt gegebene, erstrebenswerte Preise eingetauscht. Fällt den Kindern beim Weiterbauen der Turm um, erhalten sie allerdings gar keine Belohnung.

Wie gehen die Kinder mit dem Risiko um? Gelingt es ihnen, das Bedürfnis nach einer Belohnung aufzuschieben? Wie ändert sich das Spielverhalten, wenn die Kinder ihre Partner wechseln?

Variation

Die Kinder spielen ein „Turnier", d. h. sie bauen an mehreren Tagen einen Turm. Vor dem Turnier werden sie gefragt, ob sie nach jeder Runde eine kleine Beloh-

nung möchten oder nach mehreren Runden eine größere Belohnung.

Material

viele Klötzchen oder anderes Baumaterial wie Papp-
schachteln, Plastikbecher u. Ä.

# Spiele fürs Selbstbewusstsein

 # Selbsteinschätzung

Die Kinder sollen lernen, ihre eigenen Fähigkeiten und Leistungen realistisch einzuschätzen. Eine Ausgangslinie wird markiert und von da ab eine Metermaß gelegt. Die Kinder machen einen Schlusssprung. Vor dem Absprung schätzen sie, wie weit sie kommen werden. Für jede (ungefähr) richtige Schätzung gibt es einen Punkt. Das Spiel wird vier- oder fünfmal wiederholt, bis die Schätzungen der Sprungweite in etwa entsprechen.

Wie verhalten sich die Kinder? Unterschätzen oder überschätzen sie sich? Nehmen sie sich zurück, damit ihre Schätzung stimmt oder versuchen sie, bei jedem neuen Versuch weiter zu springen?

Variationen

Viele Spiele können mit vorheriger „Selbsteinschätzung" durchgeführt werden, z. B.:

- Wie oft können die Kinder mit einer Hand einen Ball auf den Boden prellen?

- Wie weit können sie einen Wattebausch über den Tisch pusten?
- Wie weit können sie auf einem Bein durch den Raum hüpfen?

Die Übungen sollten so ausgewählt werden, dass alle Kinder teilnehmen und positive Erfahrungen machen können.

 Material

ein Metermaß

⚷ Übung macht den Meister

Die Kinder sollen die Erfahrung machen, dass durch Übung jedes Kind seine Leistung verbessern kann. Sehr anschaulich lässt sich das mit Ball-Übungen zeigen, deren Schwierigkeitsgrad dem Alter der Kinder angepasst wird.

Beispiele

- Für 4- bis 6-jährige: Hintereinander einen Ball mit einer oder beiden Händen möglichst oft auf den Boden prellen.
- Für 7- bis 8-jährige: Zwei Spielbälle mit einer Hand möglichst oft abwechselnd auf den Boden tippen.
- Für 8- bis 9-jährige und ältere Kinder: Zwei Tennisbälle mit einer Hand in der Luft jonglieren, d. h. möglichst oft nacheinander hochwerfen und wieder auffangen.

Jedes Kind hat 10-12 Versuche hintereinander. Nach jedem Versuch werden die Ergebnisse von der Spielleitung oder anderen Kindern aufgeschrieben und in ein Koordinatensystem übertragen. Wie sieht die „Leistungskurve" aus? Die Übungen können auch an mehreren Tagen hintereinander durchgeführt werden. Wie sieht die „Leistungskurve" dann aus?

Material

unterschiedliche Bälle, Bleistift und Karopapier

Ich bin stolz

Jedes Kind macht jeden Tag irgendetwas gut – auch wenn es sich meistens nur an die Niederlagen erinnert. Sich auf kleinere oder größere Erfolge zu besinnen, müssen viele erst lernen.

Die Kinder sitzen im Kreis. Ein Kind bekommt einen Ball. Es beginnt einen Satz mit den Worten: „Ich bin stolz ..." und fügt dann hinzu, worauf es heute (oder in letzter Zeit) stolz war, z. B.: „... dass ich heute alle Hausaufgaben gemacht habe."

Dann wirft es den Ball einem anderen Kind zu, das dann das Spiel in gleicher Weise fortführt. Kein Kind darf gezwungen werden, sich zu äußern. Wer das nicht möchte, wirft den Ball einfach weiter. Vielleicht bekommt es den Ball im Laufe des Spiels noch mal und äußert sich dann?

Es empfiehlt sich, dass die Spielleitung mit einem Beispiel beginnt. Sie könnte z. B. sagen: „Ich bin stolz darauf, dass ich heute Morgen nicht ärgerlich geworden bin, als ich nicht gleich einen Parkplatz gefunden habe."

Abschließend sollte darüber gesprochen werden: War es schwer, sich an etwas Positives zu erinnern? Wie fühlt man sich, wenn man es offen ausspricht?

Fähigkeiten zeigen

Ein Kind zeigt pantomimisch, was es gut kann, z. B. Grimassenschneiden, Tanzen, Kopfrechnen ... Die anderen versuchen das Dargestellte zu erraten.
Das Kind, das zuerst herausfindet, was die Pantomime bedeutet, zeigt nun selbst pantomimisch, was es gut kann.

Variation

Nach einer Weile zeigen die Kinder pantomimisch nicht etwas, das sie bereits gut können, sondern etwas, was sie gerne besser beherrschen würden.
Nach jeder Darstellung fragt die Spielleitung: Wer könnte dir dabei behilflich sein? Wärst du selbst bereit, andere Kinder zu motivieren und ihnen beizubringen, was du gut kannst?

 Das kann ich gut

Die Gruppe sitzt im Kreis. Ein Kind beginnt und nennt etwas, das es gut kann. Dann ist die linke Nachbarin oder der linke Nachbar an der Reihe und nennt ebenfalls etwas, das sie oder er gut kann usw., bis alle einmal dran waren.

Beispiele

- Ich kann gut Kuchen backen.
- Ich kann gut vom Dreimeterbrett springen.
- Ich kann gut organisieren.

Mit den Aussagen kann anschließend das Spiel „Mein rechter, rechter Platz ist frei" gespielt werden. Ein freier Stuhl wird dazugestellt und das links davon sitzende Gruppenmitglied beginnt: „Mein rechter, rechter Platz ist frei, ich wünsche mir das Kind, das gut Kuchen backen kann, herbei."

Dreibein des Erfolgs

Auf drei Beinen kann ein Stuhl am sichersten stehen. Das kann auch fürs Selbstbewusstsein genutzt werden – am besten, wenn das tatsächlich an einem dreibeinigen Schemel demonstriert werden kann. Jedes Kind nennt nun drei „Erfolge", die es erreicht hat.

Beispiel

1. Ich habe Gitarrespielen gelernt.
2. Ich kann einen Kopfstand machen.
3. Ich habe meinem Hund „Sitz" beigebracht.

Jedes Kind kann sein „Dreibein des Erfolgs" als Plakat darstellen. Die Kinder können dabei schreiben, malen, ausschneiden und eine Collage kleben usw.
Die Gruppe diskutiert darüber: Was ist Erfolg? Warum ist es manchmal so schwer, an Erfolge zu glauben? Wo ist der Unterschied zum Prahlen? Wie geht es mir, wenn ich mir Erfolg eingestehen kann?

Material

gegebenenfalls Papier, Stifte, Schere, Klebstoff, Prospekte, Zeitschriften

Ich weiß von dir ...

Die Kinder sitzen im Kreis. Ein Kind beginnt, denkt an ein anderes Kind und beschreibt etwas, das ihm aufgefallen ist. Z. B.: „Ich weiß von dir, dass du heute zuerst das Datum gewusst hast." Es nennt allerdings nicht den Namen des gemeinten Kindes und schaut ihm auch nicht ins Gesicht.

Die Gruppe soll nun raten, welches Kind gemeint ist. Die Gruppe ruft dann gemeinsam den Namen des Kindes. Nun ist das nächste Kind im Kreis dran. Es denkt sich ein anderes Kind und sagt: „Ich weiß von dir ..."

So geht es weiter, bis an jedes Kind mindestens einmal „gedacht" wurde. Gegebenenfalls muss die Spielleitung behutsam steuernd eingreifen oder selbst mitspielen. Beim Spiel sind nur positive Äußerungen erlaubt. Damit das Spiel gelingen kann, muss die Gruppe sich schon einigermaßen gut kennen.

 # Ich schenke dir ein Tier

Bei den Indianern gibt es „Krafttiere", die ihren Besitzern Stärke geben. Solche Krafttiere können auch Kinder stärken. Die Kinder schenken sich gegenseitig ein (imaginäres) Tier und erklären den Beschenkten, warum sie dieses Tier ausgewählt haben, d. h. welchen positiven Zusammenhang sie zwischen dem Tier und diesem Kind sehen.

Beispiele

- X, ich schenke dir eine Katze, denn eine Katze ist ein eigenständiges Tier, das seine Freiheit liebt, aber dennoch gut mit seinen Menschen zurechtkommt und von ihnen gemocht wird.
- Y, ich schenke dir einen Papagei, denn Papageien sind sehr treue und intelligente Tiere, die sogar Leben retten können.

Welches Tier würden die Kinder für sich selbst wählen? Sind sie mit dem Geschenk zufrieden?

Jedes Kind malt, knetet oder gestaltet auf eine andere Weise das Tier, das es sich selbst als Krafttier auswählen würde. Anschließend werden in der Gruppe die Tiere vorgestellt.

 # Mutmach-Sätze

Selbsteinreden können Mut machen. Die Kinder sitzen oder stehen im Kreis und überlegen sich in der Gruppe „positive Sätze". Nacheinander sagt jedes Kind einen Satz. Dabei können auch Sätze, die den Kindern besonders gut gefallen, wiederholt werden. Kinder, denen kein Satz einfällt, geben das Wort durch einen Handschlag an das Nachbarkind weiter. Die Sätze, die den Kindern am besten gefallen, werden auf einer Wandzeitung notiert.

Beispiele

Ich kann es schaffen.
Nur Mut – es geht gut.
Ich komme voran.

Daraus können die Kinder sich „ihren" Mutmach-Satz aussuchen. Immer wenn sie besonderes Selbstbewusstsein brauchen, sagen sie den Satz zwanzigmal tonlos vor sich hin. Nach einiger Zeit werden sie merken, dass ihr positiver Satz sie entspannt, beruhigt und aufbaut.

Kraftrunde

Die Kinder stehen im Kreis und geben sich die Hände. Das erste Kind spricht den folgenden Satz laut: „Wir sind stark, wir helfen und unterstützen uns!" Dann wird die Botschaft per Handdruck nur mit innerer Stimme einmal rundherum weitergegeben.

Noch besser ist es, wenn die Gruppe sich selbst einen eigenen starken Satz ausdenkt. Wird es in der Gruppe schwierig, kann dieses kraftgebende und das Selbstbewusstsein stärkende Quickie schnell mal zwischendurch helfen, Frust abzubauen und Frustrationstoleranz aufzubauen.

Spiele zum Überwinden von Frust

Haltung bewahren

Gefühle drücken sich auch in der Haltung aus – und umgekehrt. Die Kinder können das spielerisch erfahren. Die Kinder bewegen sich frei im Raum zu Musik. Bei einer Musikunterbrechung gibt die Spielleitung einen Darstellungsauftrag, der in irgendeiner Weise mit Situationen zu tun hat, die zu Frustrationen und ihrer Bewältigung führen können. Den Anfang sollte immer ein „Alltagsverhalten" machen.

Beispiele

Bewegt euch einzeln ...
- wie ihr normalerweise auf der Straße rumlauft.
- wie ihr geht, wenn euch etwas besonders freut.
- wie nach einem Misserfolg oder einem Ärger.
- kraftlos, mit hängenden Schultern, wie „ein nasser Sack".
- selbstbewusst und aufrecht.

Stellt mit anderen Kindern zusammen folgende Situation dar:
- Ein Fotograf knipst ein Klassenfoto.
- Ihr seid Sieger/Verlierer bei einem Sportereignis.

- Jemand drängelt sich an der Kasse vor.
- Ihr freut euch mit einem Freund über dessen Erfolg.

Zum Schluss werden die im Spiel gemachten Erfahrungen miteinander besprochen.

Musik und Abspielgerät

Frust-Dialoge

Zwei Kinder setzen sich hinter einen Vorhang Rücken an Rücken. Sie sollen ohne vorherige Absprache einen Frust-Dialog zwischen zwei ungewöhnlichen Partnern entwickeln, die ihnen die Spielleitung nennt oder die sie sich selbst ausdenken.

Beispiele

- Hund und Hundeleine (Hund zur Hundeleine: Immer zerrst du an mir. Hundeleine: Ich will, dass du hingehst, wohin ich ziehe ...)
- Schlaf und Wecker
- Fußball und Torpfosten

Die andern Kinder raten, was gespielt wird. Gibt es Übereinstimmungen mit „menschlichen" Frust-Erlebnissen? Welche?
Ein humorvoller Umgang mit frustrierenden Situationen kann helfen, Frust zu bewältigen. Was können die Kinder dabei für ihren eigenen Alltag erfahren?

Vor Wut platzen

Die Kinder sammeln Schimpfwörter. Sie sprechen darüber, welche Schimpfwörter sie besonders schlimm und kränkend finden und welches das allerschlimmste ist. Jedes Schimpfwort wird dann einzeln auf eine Karte geschrieben. Das „allerschlimmste" wird durch einen roten Blitz gekennzeichnet. Außerdem braucht die Gruppe einen Luftballon und eine Nadel.

Die Karten werden gemischt und mit der Rückseite nach oben auf einen Stapel gelegt. Die Kinder setzen sich in einen Kreis, decken nacheinander eine Karte auf und lesen das Schimpfwort laut vor. Zieht ein Kind das „allerschlimmste" Schimpfwort, „platzt es vor Wut", d. h. es nimmt die Nadel und bringt damit den Luftballon zum Platzen.

Für eine neue Runde wird neu gemischt und ein neuer Luftballon aufgepustet.

Variation

Jedes Kind bekommt einen Luftballon und bläst ihn auf. Das „allerschlimmste" Schimpfwort wird nicht von vornherein in der Gruppe festgelegt, sondern das Kind, das ein Wort aufdeckt, bestimmt selbst, ob es dieses Wort als das „allerschlimmste" empfindet, das es „vor Wut platzen" lässt, und zersticht seinen Luftballon. Dabei muss es gut überlegen. Es hat nur einen Luftballon – und danach „ist die Luft raus".

Kärtchen, Stifte, Luftballons, eine Nadel

Komm mir nicht zu nahe

Die Kinder bilden Paare. Sie stellen sich in einigem Abstand einander gegenüber und halten Blickkontakt. Dann gehen sie so weit aufeinander zu, wie sie es noch als angenehm empfinden. Der Abstand zwischen beiden kann mit einem Metermaß gemessen werden.

In weiteren Runden führen die Kinder diese Übung mit wechselnden Partnern durch. Gibt es unterschiedliche Abstände zu verschiedenen Personen?

Wie viel Nähe gefällt ihnen ...

- bei ihrem besten Freund?
- bei einem Kind, das sie nicht so gut leiden können?
- bei der Spielleitung?
- bei anderen Erwachsenen?

Die Kinder sollen erfahren, dass soziale Nähe sowohl von der Art der Beziehung als auch von der eigenen Person abhängig ist. Sie lernen auch die Körpersprache des anderen besser einzuschätzen und können dadurch mehr Sicherheit im Verhalten gegenüber anderen erlangen.

Dem Druck widerstehen

Die Kinder stehen sich in zwei Reihen gegenüber. Eine Reihe beginnt. Die Kinder dieser Reihe gehen nach vorne und versuchen jeweils das Kind, das ihnen gegenüber steht, aus seiner Reihe zu ziehen. Dabei dürfen sie nicht so fest zupacken, dass es wehtut. Sie gucken ihrem Gegenüber fest in die Augen und sagen dabei z. B. „Du kommst jetzt mit", „Du gehörst auf meine Seite", „Ich will, dass du mitkommst" u.Ä. Das andere Kind leistet passiven Widerstand und antwortet z. B.: „Nein, ich will nicht. Lass mich los." „Hier ist meine Reihe" o. Ä. Nach einigen Minuten werden die Rollen gewechselt.

Wie sehr oder wie wenig geben die Kinder nach, wenn sie unter Druck geraten? Wie fühlen sie sich, wenn sie dem Druck standgehalten haben?

Lea geht einkaufen

Die Spielleitung erzählt den Kindern folgende Geschichte:

Lea geht einkaufen. Im Geschäft ist es voll. Lea steht mit Erwachsenen in einer Schlange vor der Ladentheke. Als sie dran ist, drängt sich eine Frau vor: „Du kannst ruhig warten." Lea denkt: „So eine Gemeinheit", lässt es sich aber wortlos gefallen.

Zu Hause erzählt Lea, wie es ihr im Laden ergangen ist. Ihre Geschwister geben ihr Ratschläge, wie sie sich hätte verteidigen sollen.

Der große Bruder schlägt vor: „He, Sie! Vordrängeln gibt's nicht."

Der kleine Bruder empfiehlt: „Ich war aber vor Ihnen hier. Ich bin jetzt dran."

Die große Schwester hätte die Frau nur gefragt: „Warum?"

Die Vorschläge werden nun nacheinander im Rollenspiel ausprobiert.

Wie hätte sich die drängelnde Frau daraufhin verhalten, andere Kunden, die Verkäuferin? Haben die Kinder vielleicht noch weitere Vorschläge, die sie dann im Rollenspiel ausprobieren? Wie beurteilt die Gruppe die verschiedenen Vorschläge?

Das könnte sogar meine Oma

Zwischen Kindern kommt es häufig zu frustrierenden Situationen. Solche Alltagsgeschichten können im Rollenspiel nachgespielt und dabei Lösungen entwickelt werden.

Mark hat beim Fußballspielen ein Tor durchgelassen. Dabei ist er ein guter Torwart. Aber es ist einfach passiert. Er war nur einen Augenblick nicht konzentriert. Der Schuss kam überraschend. Und die Verteidigung stand auch nicht besonders gut. Nach dem Abpfiff macht ihn Sascha an: „Was bist du doch für ein Sch... Torwart? Den Ball hätte sogar meine Oma gehalten ..." (Die Geschichte kann natürlich auch bei einem Mädchenfußballspiel passiert sein und mit Mädchennamen vorgetragen werden.)

Wie könnte das Gespräch weitergehen? Was könnten Mark und Sascha tun, damit aus der Enttäuschung über das Tor keine aggressive Auseinandersetzung wird?

Was sagt du dazu?

Die Kinder sitzen im Kreis. Die Spielleitung formuliert ein Ausgangs-Problem und endet mit dem Satzanfang: „Da sagt ..." Dabei wirft sie den Ball einem Kind zu. Das Kind muss eine mögliche Satzergänzung formulieren. Dann wirft es den Ball einem anderen Kind zu, das einen weiteren Satz zu der Situation hinzufügen muss. Das Spiel ist beendet, wenn keinem Kind mehr eine weitere Ergänzung einfällt oder der Dialog sich nicht weiter entwickelt.

Beispiele

- Die Freundin ist sauer, weil Emma sich mit einem anderen Mädchen zum Spielen verabredet hat und meckert: „Du treulose Tomate." Da sagt Emma: ...
- Der Bus war verspätet. Aber die Lehrerin schimpft mit Paul: „Immer kommst du zu spät". Da sagt Paul: ...

Als Ausgangsprobleme sollten häufig in der Gruppe vorkommende Probleme dienen. Anschließend kann diskutiert werden: Waren die Satzergänzungen der Situation angemessen? Haben sie eine Lösung gebracht? Wie geht es den Kindern „in echt" bei solchen Situationen?

ein kleiner Ball

 Erste-Hilfe-Koffer bei Frust

Nicht nur Kinder sind negativen Emotionen oft hilflos ausgeliefert. Damit das besser wird, kann vorher über Erste-Hilfe-Maßnahmen gesprochen werden.
Die Kinder sitzen im Kreis, eins beginnt und nennt eine hilfreiche Reaktion. Das nächste Kind in der Runde wiederholt diese und fügt eine neue hinzu – bis alle etwas beigetragen haben.

Beispiele

Bei Frust kann ich ...
- erst mal tief durchatmen.
- leise mit mir selbst sprechen.
- auf ein Kissen schlagen.
- die Hände in der Tasche zur Faust ballen.
- lachen.

Anschließend spricht die Gruppe darüber, was wirklich schon mal geholfen hat und was besonders gut hilft. Das Spiel kann nach aktuellen Anlässen wiederholt werden.

Frust ade

Viele Kinder schätzen sich selbst negativ ein und trauen sich wenig zu. Die Kinder sollen nun alle negativen Vorstellungen über sich und alle negativen Erwartungen an sich selbst aufschreiben. Sie dürfen sich trauen, wirklich alles zu notieren, denn niemand außer ihnen darf sehen, was sie zu Papier bringen.

Beispiele

- Ich bin hässlich.
- Keiner mag mich.
- Immer bin ich Schuld.
- Ich kann das doch nicht.

Anschließend zerreißt jedes Kind seinen eigenen Zettel in kleine Schnipsel, so dass nicht mehr zu erkennen ist, was drauf stand. Die Zettel können auch vor aller Augen geschreddert werden. Am wirkungsvollsten ist es, wenn die Möglichkeit besteht, die negativen Sätze feierlich gemeinsam zu verbrennen.

Papier und Stifte, Metallgefäß, Streichhölzer

Don Bosco MiniSpielothek
Klein, fein, alles drin

ISBN 978-3-7698-2555-8

ISBN 978-3-7698-2556-5

ISBN 978-3-7698-2545-9

ISBN 978-3-7698-2546-6

ISBN 978-3-7698-2539-8

ISBN 978-3-7698-2540-4

ISBN 978-3-7698-2520-6

ISBN 978-3-7698-2521-3

ISBN 978-3-7698-2509-1

Die 50 besten
Stadtspiele

ISBN 978-3-7698-2398-1

Die 50 besten
Klassenzimmer-spiele

für 8- bis 12-Jährige

ISBN 978-3-7698-2291-5

Die 50 besten
Riech- und Schmeckspiele

ISBN 978-3-7698-2400-1

Die 50 besten Spiele zum
Gedächtnistraining mit Senioren

ISBN 978-3-7698-2374-5

Die 50 besten
Seh-Spiele

ISBN 978-3-7698-2376-9

Die 50 besten
Hör-Spiele

ISBN 978-3-7698-2375-2

Die 50 besten
Spiele im Sommer

ISBN 978-3-7698-2356-1

Die 50 besten
Anti-Mobbing-Spiele

ISBN 978-3-7698-2260-1

Die 50 besten
Spiele für Ministranten

ISBN 978-3-7698-2357-8

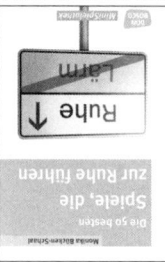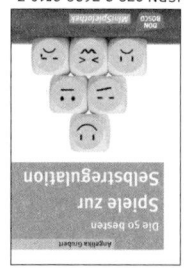